¡ABRE LOS OJOS Y APRENDE!
La Gente

BLACKBIRCH®
PRESS

THOMSON

GALE

San Diego • Detroit • New York • San Francisco • Cleveland
New Haven, Conn. • Waterville, Maine • London • Munich

For more information, contact
The Gale Group, Inc.
27500 Drake Rd.
Farmington Hills, MI 48331-3535
Or you can visit our Internet site at http://www.gale.com

LIBRARY OF CONGRESS CATALOGING-IN-PUBLICATION DATA

Nathan, Emma.
  [People. Spanish]
  La gente / by Emma Nathan.
    p. cm. — (Eyeopeners series)
Includes index.
Summary: Brief facts about some of the countries of the world.
  ISBN 1-41030-019-6 (alk. paper)
  1. Ethnology—Juvenile literature. 2. Human geography—Juvenile literature. [1. Human geography. 2. Spanish language materials.] I.Title. II. Series: Nathan, Emma. Eyeopeners series. Spanish.

GN333 .N3818 2003
305.8—dc21   2002152581

Printed in United States
10 9 8 7 6 5 4 3 2 1

CONTENIDO

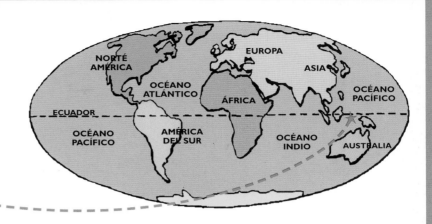

INDONESIA

Indonesia es parte de Asia.

Indonesia es una nación de más de 13,500 islas en el Océano Pacífico.

Indonesia es el cuarto país más poblado del mundo.

La mayor parte del pueblo de Indonesia es musulmana.

◀ **Niña de Indonesia**

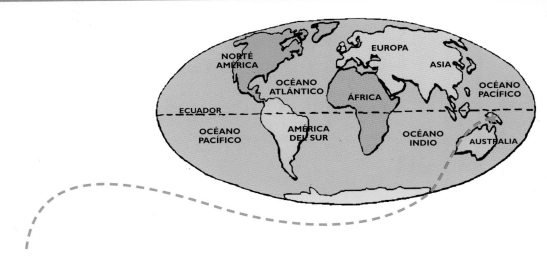

NUEVA GUINEA

Nueva Guinea es parte de Oceanía. Está cerca del norte de Australia.

Nueva Guinea está formada por una gran isla y una cadena de islas menores.

En Nueva Guinea hay muchas pequeñas aldeas y grupos de familias.

Muchos grupos tienen su propio idioma y sus costumbres.

En Nueva Guinea se hablan más de 800 idiomas.

◀ **Niño de Nueva Guinea**

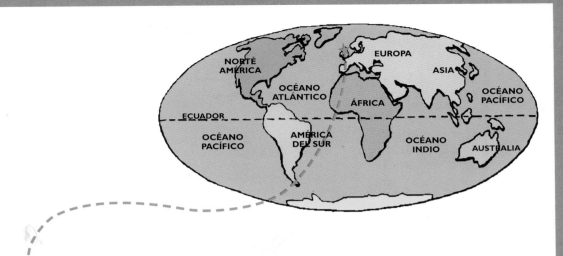

ESCOCIA

Escocia es parte del continente europeo.

Escocia es una isla rodeada por el Océano Atlántico.

Las gaitas son una tradición en Escocia.

Músicos escoceses tocan gaitas en ceremonias y reuniones especiales.

Para tocar gaitas, se sopla aire en una bolsa y luego se exprime a través de los tubos, para producir sonidos.

◀ **Hombre de uniforme tradicional escocés, con gaita**

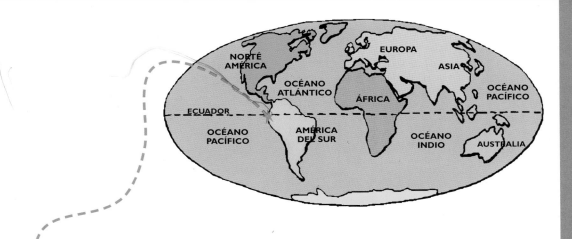

ECUADOR

Ecuador está en el continente sudamericano.

Hace mucho tiempo, Ecuador estaba bajo el gobierno español.

Hoy, gran parte del pueblo tiene una herencia mixta de español e indígena nativo.

La mayoría del pueblo ecuatoriano habla español.

◄ **Niña de Ecuador**

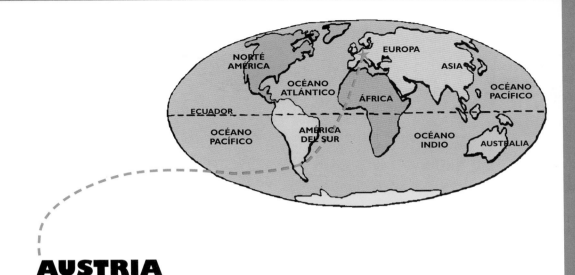

AUSTRIA

Austria está en el continente europeo.

Austria es vecina inmediata de Alemania. Tiene muchas costumbres y tradiciones que son semejantes a las de Alemania.

El pueblo austriaco habla alemán.

La vida familiar es muy importante para muchos austriacos.

◀ **Hombre de Austria**

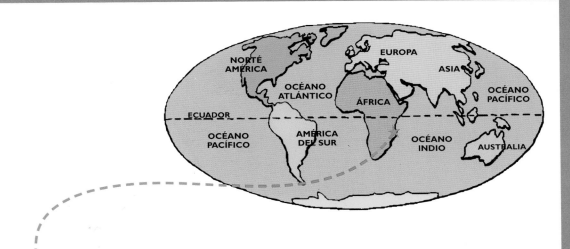

TANZANIA

Tanzania está en el continente africano.

La mayoría de la población de Tanzania es de raza negra africana.

A la mayor parte de la población de Tanzania se le llama Bantús.

Los idiomas oficiales de Tanzania son swahili e inglés.

◀ **Hombre de ropa tradicional de Tanzania**

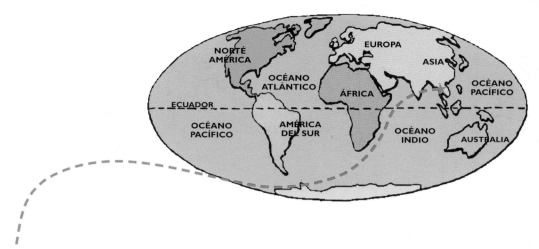

TAILANDIA

Tailandia está en el continente asiático.

Más del 90% de todo el pueblo tailandés practica la religión del Budismo.

En Tailandia se considera falta de educación tocar la cabeza de una persona o señalar sus pies con el dedo.

Las personas de Tailandia se saludan entre sí juntando las palmas de las manos e inclinando la cabeza.

◀ **Señoritas tailandesas de trajes tradicionales y especiales**

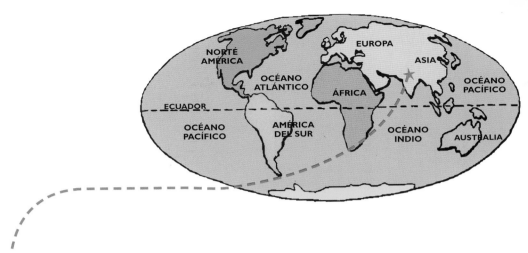

INDIA

India está en el continente asiático.

La mayoría del pueblo de la India practica la religión del Hinduismo.

Las vacas son sagradas para los hindúes. Ellos no comen carne de res.

En la India es tradicional no ponerse zapatos en la cocina, porque algunos alimentos se preparan en el piso.

◀ **Hombre de India**

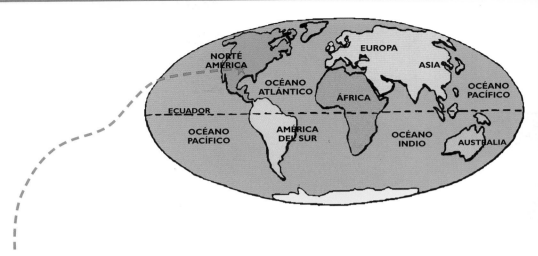

ESTADOS UNIDOS

Estados Unidos está en el continente norteamericano.

En Estados Unidos hay una asombrosa mezcla de pueblos.

Personas de todo el mundo se vienen a vivir a Estados Unidos.

Hay europeos-americanos, africano-americanos, asiático-americanos, hispanoamericanos, y nativos americanos.

Se ha llamado a Estados Unidos el "crisol de razas". Esto se debe a que pueblos de todas las razas se mezclan entre sí y se "fusionan" en una gran nación.

◀ **Señorita de Estados Unidos; recuadro: Niños americanos**

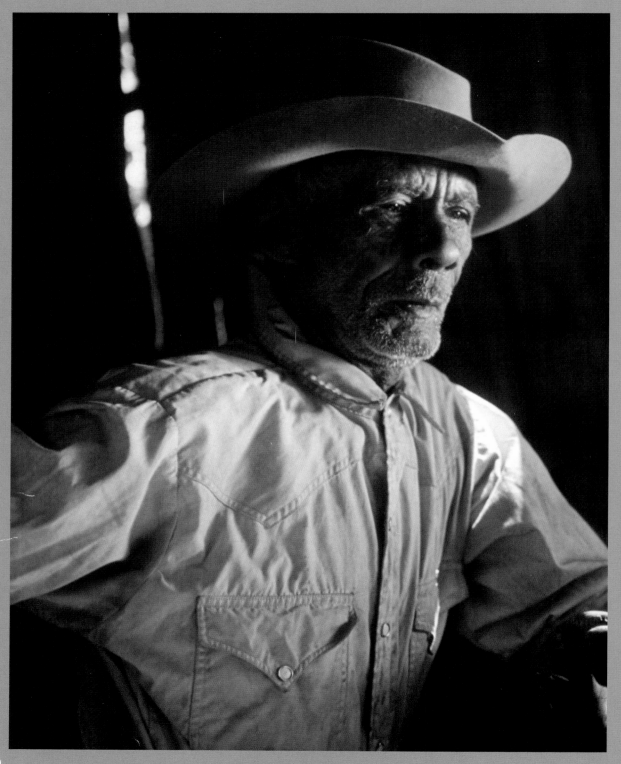

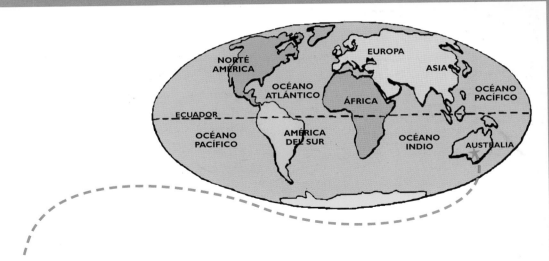

AUSTRALIA

Australia es un continente por sí sola.

The pobladores nativos de Australia se laman Aborígenes.

Los aborígenes han estado en Australia durante más de 40,000 años.

Muchos aborígenes se han mudado a las ciudades para vivir y trabajar. Otros viven aún en zonas vírgenes de Australia.

◀ **Hombre aborigen de Australia**

ÍNDICE

PARA MAS INFORMACIÓN

Direcciones de Internet

Culturas
http://www.cultures.com

Civilizaciones del mundo
http://www.wsu.edu:8080/~dee

Herencia mundial
http://www.worldheritagesite.org

Libros

Armstrong, Boehm, and Hunkins. *Geography: The World and Its People*. McGraw/Hill, 1998.

Morris, Neil. *Music and Dance: Discovering World Cultures*. Crabtree Publishers, 2001.

Blackbirch Press Editors. *The Blackbirch Kid's Visual Reference of the World*. Blackbirch Press/Gale Group: San Diego, 2001.